Frauke Weldin

Susanne Lütje

Der kleine Wal

Baby pixi

CARLSEN

Der kleine Wal schwimmt durch das Meer.
Er taucht dort fröhlich hin und her.

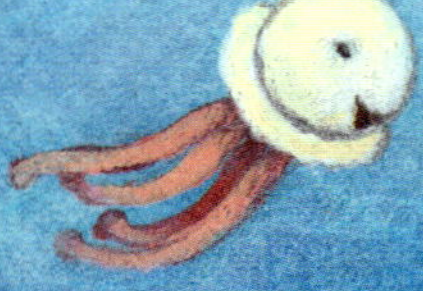

Mit Seepferdchen und Meeresschnecken
spielt er gern Fangen und Verstecken.

Der kleine Wal saust mit den Quallen
durch bunte Wälder aus Korallen.

Der kleine Wal reckt seine Flossen
und winkt den beiden Albatrossen.

Der Seehund liebt es rumzutoben.
Der kleine Wal spritzt ihn nach oben.

Durchs weite Meer ertönt Gesang.
Ein schöner, sehr vertrauter Klang.
Der kleine Wal folgt Ton für Ton, ...

... denn Mama-Wal ruft ihren Sohn.
Sie wartet bei den Riesenmuscheln,
um mit dem kleinen Wal zu kuscheln.

Baby pixi

Der kleine Wal

Der kleine Wal schwimmt durch das Meer und taucht dort fröhlich hin und her. Mit den Seepferdchen spielt er Verstecken, mit dem Seehund tobt er um die Wette – und wer wartet am Ende der Reise, um mit dem kleinen Wal zu kuscheln?

Als Baby-Pixi-Bilderbuch gibt es außerdem:

Unkaputtbar ®

Neues Material für Kinderbücher · Von unabhängigen, akkreditierten Prüflabors getestet und freigegeben

wasserfest · reißfest · schadstoffgeprüft

CARLSEN

+12 Monate

CE

carlsen.de

Baby Pixi Band 80

ISBN 978-3-551-05182-0

9 783551 051820

€ 4,99 [D]

11. Aufl. 26

Bei Fragen zum Produkt: carlsen.de/kontakt
Text: Susanne Lütje
Illustrationen: Frauke Weldin